**Bibliografische Information der Deutschen Nationalbibliothek:**

Die Deutsche Bibliothek verzeichnet diese Publikation in der Deutschen National-
bibliografie; detaillierte bibliografische Daten sind im Internet über http://dnb.d-
nb.de/ abrufbar.



**Impressum:**

Copyright © 2010 GRIN Verlag, Open Publishing GmbH
Druck und Bindung: Books on Demand GmbH, Norderstedt Germany
ISBN: 978-3-668-21204-6

**Thorsten Kozik**

# Inwiefern kann eine konzeptuelle Umsetzung des Demokratie-Lernens nach Himmelmann Politikverdrossenheit vorbeugen?

GRIN Verlag

# Inhaltsverzeichnis

# 1. Einleitung

Dass sich die Staatsbürger eines demokratischen Staatswesens mit Demokratie beschäftigen ist für das Überleben dieser Staatsform zwingend notwendig. Eine Demokratie braucht überzeugte Demokraten um zu überleben. Demokratien können auch scheitern, wenn nicht schon im Mikro-Bereich der Schule an einem positiven Demokratie- und Politikbild gearbeitet wird[1]. Alles was die Bürger einer Demokratie davon abhält, sich mit ihrem Staat zu befassen ist schädlich für die Demokratie. Neben Angriffen von Rechten oder Linken Gruppierungen ist Politikverdrossenheit die größte Gefahr für die Demokratie. Daraus resultiert die Bedeutung dieser Hausarbeit. Politikverdrossenheit ist eine Gefahr für die Demokratie die man bekämpfen muss. Dafür muss man den Begriff Politikverdrossenheit zunächst genauer definieren und konkretisieren. Was im folgenden Verlauf der Hausarbeit auch getan wird.

Um Politikverdrossenheit zu bekämpfen braucht man Ansätze dafür, durch die dies möglich ist. Diese Hausarbeit will überprüfen, ob und wie das Schulkonzept des Demokratie Lernens von Gerhard Himmelmann dafür geeignet ist. Dazu werden die Bestandteile des Demokratie-Lernens nach Himmelmann vorgestellt, sowie der mögliche praktische Nutzen gegen Politikverdrossenheit.

# 2. Der Begriff Politikverdrossenheit

Der Begriff Politikverdrossenheit wurde 1992 von der Gesellschaft für Deutsche Sprache zum Wort des Jahres gewählt[2]. Dabei ist dieser Begriff nicht neu gewesen, vielmehr tauchte er mit anderen Wortschöpfungen wie z.B. Parteien-, Politiker- und Demokratieverdrossenheit verstärkt auf[3]. Er war somit auch ein Stellvertreter für diese und andere ähnliche Begriffe[4]. Darum wird Politikverdrossenheit in der Regel als recht undifferenzierte aber vielfältige Unzufriedenheit mit der Politik verstanden[5]. Diese Unzufriedenheit bezieht sich

---

[1] Vgl. Vgl. Himmelmann, Gerhard: Demokratie-Lernen – Eine Aufgabe Moderner Bildung, in: Oberreuter, Heinrich: Standortbestimmung Politischer Bildung, Schwalbach im Taunus 2009, S.73-91, S.81. Im Folgenden abgekürzt als Himmelmann, Gerhard 2.

[2] Vgl. http://www.gfds.de/aktionen/wort-des-jahres/

[3] Vgl. Maier, Jürgen: Politikverdrossenheit in der Bundesrepublik Deutschland: Dimensionen, Determinanten, Konsequenzen, Opladen 2002, S.13. Im Folgenden abgekürzt als Maier, Jürgen.

[4] Vgl. Maier, Jürgen, S.13.

[5] Vgl. Maier, Jürgen, S.19.

beispielsweise auf die Strukturen des politischen Systems der Bundesrepublik, auf die Akteure im politischen System und auf die von ihm produzierten Entscheidungen mit ihren Folgen[6]. Der Begriff ist also nicht hundertprozentig klar zu definieren[7].

Der spätere Bundestagspräsident Wolfgang Thierse verstand den Begriff als „Mülleimer" der die geballte Kritik an der Politik sammelt[8]. Dass der Begriff eine Art Sammelbecken für Kritik ist, ist sicherlich richtig. Wichtig ist es nun vor allem die Ursachen und Folgen dieser kritischen Ansammlung genauer zu beleuchten und dann zu überprüfen ob diese durch Himmelmanns Demokratie-Lern Konzept bekämpft und gemildert werden können.


## 3. Ursachen und Folgen der Politikverdrossenheit

Die Ursachen der Politikverdrossenheit sind sehr variabel und vielschichtig, ihr Nachweis ist empirisch nur schwer messbar[9]. Die Ursachen lassen sich auch nur grob fassen. Manchmal sind es eher strukturelle manchmal persönliche Faktoren, dazu kommen noch Faktoren die mit dem Auftreten der Politik in der Öffentlichkeit zu tun haben[10][11]. Es lässt sich beobachten, dass Politikverdrossenheit bei älteren Menschen mit hohem Bildungsgrad seltener auftaucht, als bei jungen Menschen mit niedrigem Bildungsgrad[12]. Auch sind Menschen die sich nie mit Politik und ihren Funktionsweisen befassen häufiger politikverdrossen, als Menschen die sich damit auseinander setzten[13].

Ein Beispiel für einen strukturellen Faktor der eine Ursache für Politikverdrossenheit ist, ist eine in der politischen Kultur verankerte

---


[6] Vgl. Arzheimer, Kai: Politikverdrossenheit: Bedeutung, Verwendung und empirische Relevanz eines politikwissenschaftlichen Begriffs, Wiesbaden 2002, S.17. Im Folgenden abgekürzt als Arzheimer, Kai, Bedeutung.

[7] Vgl. Wolling, Jens: Politikverdrossenheit durch Massenmedien? Der Einfluß der Medien auf die Einstellungen der Bürger zur Politik, Opladen 1999, S.37. Im Folgenden abgekürzt als Wolling, Jens.

[8] Vgl. Thierse, Wolfgang: Politik- und Parteienverdrossenheit: Modeworte behindern die berechtigte Kritik – Zur Notwendigkeit gesellschaftspolitischer Reformen. In: Aus Politik und Zeitgeschichte 31 (1993), S.19-25. S. 19.

[9] Vgl. Maier, Jürgen, S. 57.

[10] Vgl. Maier, Jürgen, S. 57.

[11] Vgl. Arzheimer, Kai: Politikverdrossenheit – eine Frage der Persönlichkeit? Der Zusammenhang zwischen Persönlichkeitsfaktoren und Verdrossenheitseinstellungen. In: Siegfried Schumann, Harald Schoen (Hrsg.): Persönlichkeit. Eine vergessene Größe der empirischen Sozialforschung. VS, Wiesbaden 2005, S. 193–207.S.193.

[12] Vgl. Maurer, Marcus: Politikverdrossenheit durch Medienberichte, eine Paneluntersuchung, Konstanz 2003, S.38. Im Folgenden abgekürzt als Maurer, Marcus.

[13] Vgl. Maurer, Marcus, S.38.

Kritiktradition, die sich gegen Parteien und Parlament richten[14]. Begriffe wie z.B. „Quasselbude" sind nicht nur in der Weimarer Republik verwendet worden, sondern man findet ihn auch heute noch, wenn kritisch über den Bundestag oder Landesparlamente geredet wird. Eine Ablehnung oder Infragestellung des parlamentarischen Systems sind die Folgen.

Die abnehmende pragmatische Unterscheidbarkeit der großen Parteien CDU/CSU und SPD trägt auch zur Politikverdrossenheit bei[15]. Diese versuchen sich für neue Wählerschichten zu öffnen, verlieren dabei aber auch Stammwähler, die sich enttäuscht von der Partei abwenden[16]. Diese sind dann oft politikverdrossen, da sie sich nicht mehr politisch vertreten fühlen[17]. Dies führt meist zu Wahlenthaltung oder zur Wahl kleinerer Splitterparteien oder zur Gründung von neuen Parteien.

Zudem haben die etablierten Parteien eine unzureichend ausgeprägte innerparteiliche Demokratie[18]. Es gelingt oft nur durch Seilschaften und eine gute Vernetzung innerhalb der Partei wichtige Posten in Gesellschaft oder Partei einzunehmen[19]. Die daraus resultierende quasi alleinige parteipolitische Vergabe von Stellen im öffentlichen Leben fördert Politikverdrossenheit[20]. Es ist davon auszugehen, dass so nicht immer die qualifiziertesten Bewerber eine Stelle bekommen, was die tatsächlich Ursache für Politikverdrossenheit an der Stelle sein dürfte. Es hat teilweise den Anschein, dass Politik nur auf die Macht aus ist, der Macht wegen. Der ehemalige Bundespräsident Richard von Weizäcker warf den Parteien vor, die Macht nur wegen den daraus folgenden Privilegien im Auge zu haben, aber keine akuten Probleme lösen zu können[21].

Anstehende Probleme nicht zu lösen oder gar nicht erst anzugehen fördert die Politikverdrossenheit ebenfalls. Dies wird als Leistungsdefizit der politischen Institutionen und der dort handelnden Personen in zentralen politischen Bereichen gesehen[22]. Derzeit scheinen Bürger generell den Glauben daran zu

---

[14] Vgl. Maier, Jürgen, S. 58.

[15] Vgl. Maier, Jürgen, S.61.

[16] Vgl. Maier, Jürgen, S.65.

[17] Vgl. Maier, Jürgen, S.65.

[18] Vgl. Maier, Jürgen, S. 61.

[19] Vgl. Zeschmann, Philip: Wege aus der Politiker- und Parteienverdrossenheit: Demokratie für eine Zivilgesellschaft, Sinsheim 2000, S.356. Im Folgenden abgekürzt als Zeschmann, Philip.

[20] Vgl. Wolling, Jens, S.38.

[21] Vgl. Maier, Jürgen, S.62.

[22] Vgl. Wolling, Jens, S.38.

verlieren, dass Politik große Probleme der Gesellschaft lösen kann[23]. Die Folge ist oftmals ein Vertrauensschwund gegenüber dem politischen System, der sich in Wahlenthaltung oder auch in der Wahl radikalerer Parteien äußern kann. Vor allem da sich ein weiter Teil der deutschen Bevölkerung Lösungen von der Politik erwartet[24]. Probleme wie Alter, Krankheit, Rente, Pflege, Kinderbetreuung usw. sollen von der Politik gelöst werden[25]. Doch das politische System kann nicht alle diese Probleme lösen, da die Ansprüche viel zu hoch sind[26]. Die daraus resultierende Unzufriedenheit fördert natürlich die Politikverdrossenheit. Paradox daran ist, dass die Politik sich selbst mit diesen Aufgaben überfordert[27]. Durch eine massive Ausweitung des Sozialstaates, hat die Politik in den sechziger und siebziger Jahren, Aufgaben die ursprünglich der Gesellschaft zufielen, übernommen[28]. Diese Aufgaben nicht mehr erfüllen zu können oder zu versuchen diese Aufgaben aufgrund finanzieller Probleme zurück an die Gesellschaft zu geben, wird oftmals als Staatsversagen gesehen[29]. Paradoxerweise fördern sogar positive Erfolge und Leistungen des politischen Systems die Politikverdrossenheit, da positive Erfolge und Leistungen langfristig den Erwartungshorizont der Bevölkerung erhöhen[30]. Dieser Erwartungshorizont kann dann irgendwann nicht mehr erfüllt werden, wodurch die Politikverdrossenheit steigt. Obwohl auch Politiker wissen müssten, dass sie nicht alle Wünsche der Bevölkerung erfüllen können, vermitteln sie oft den Eindruck sie könnten es[31]. Vor allem in Wahlkämpfen machen Politiker Versprechungen die sie nicht halten können[32]. Die verärgert und verunsichert natürlich die Bürger.

Ein weiterer Faktor der Einfluss auf die Politikverdrossenheit hat ist die Medienberichterstattung. Es liegen Studien vor die belegen, dass Politiker und Parteien in den Medien überwiegend negativ dargestellt werden und häufig kritisiert werden[33]. Da sich die Bevölkerung überwiegend durch die Medien über

---

[23] Vgl. Wolling, Jens, S.38.
[24] Vgl. Maurer, Marcus, S.41.
[25] Vgl. Maurer, Marcus, S.42.
[26] Vgl. Maurer, Marcus, S.42.
[27] Vgl. Maurer, Marcus, S.44.
[28] Vgl. Maurer, Marcus, S.44.
[29] Vgl. Maurer, Marcus, S.44.
[30] Vgl. Maurer, Marcus, S.43.
[31] Vgl. Maurer, Marcus, S.44f.
[32] Vgl. Maurer, Marcus, S.44.
[33] Vgl. Wolling, Jens, S.42.

Politik informiert, ist es nicht verwunderlich, dass diese negative Berichterstattung zur Politikverdrossenheit beiträgt[34]. Da die Betonung bei solchen negativen Berichten auf Affären, Skandalen und Vernachlässigungen von wichtigen Sachthemen liegt, verwundert es in keiner Weise, dass der Negativismus im Informationspool der Medien eine der Hauptursachen für Politikverdrossenheit ist[35]. Diese führt sicherlich zu einer Abneigung gegenüber der Politik.

Durch einen grundsätzlichen gesellschaftlichen Wandel ist das Anspruchsdenken der Bürger gestiegen[36]. Der Wandel der Industriegesellschaft führte zu einem Individualisierungsprozess in nahezu allen Bereichen des Lebens, der mit erheblichen Risiken einher ging[37]. Wie sich auch an der Zunahme der Single Haushalte zeigt ist die „Ichbezogenheit" in der Gesellschaft gewachsen[38]. Deswegen haben auch Vereine, Parteien, Kirchen und Gewerkschaften mit sinkenden Mitgliederzahlen zu kämpfen[39]. Die Durchsetzung eigener individueller Interessen sind der oberste Maßstab vieler dieser Individuen[40]. Die Politikverdrossenheit wächst oder entsteht bei solchen Individuen dann, wenn der Eindruck entsteht das Politiker sich nicht genug für die jeweiligen Partikularinteressen einsetzten[41]. Auch die von vielen modernen Individuen gewünschte Selbstbestimmung und Selbstverwirklichung, kann die repräsentative Demokratie nicht jedem bieten[42]. Zudem gab es auch einen Wertewandel vom materialistischen Werten (z.B. gesichertes Einkommen, eigener PKW), hin zu postmaterialistischen Werten (z.B. Umweltschutz, Weltfrieden)[43]. Personen die den postmaterialistischen Werten zugetan sind misstrauen den politischen Institutionen mehr als Materialisten[44]. Die Folgen davon sind meist eine Abkehr vom Politikgeschäft insgesamt oder die verstärkte Forderung nach mehr basisdemokratischen Elementen in Deutschland. Generell ist auch die Bereitschaft gesunken sich demokratischen Autoritäten

---

[34] Vgl. Wolling, Jens, S.43.
[35] Vgl. Wolling, Jens, S.42.
[36] Vgl. Wolling, Jens. S.40.
[37] Vgl. Maier, Jürgen, S.67.
[38] Vgl. Wolling, Jens, S.40.
[39] Vgl. Wolling, Jens, S.40.
[40] Vgl. Wolling, Jens, S.40.
[41] Vgl. Wolling, Jens, S.40.
[42] Vgl. Wolling, Jens, S.41.
[43] Vgl. Marcus, Maurer, S.39.
[44] Vgl. Marcus, Maurer, S.39.

und deren Entscheidungen unterzuordnen[45]. Ordnung, Gehorsam und Disziplin sind keine Tugenden mehr die in der Schule primär gelehrt werden[46]. Stattdessen ist die Schärfung der Kritikfähigkeit in den Vordergrund gerückt[47]. Dies führt dazu, dass viel mehr politische Missstände und gesellschaftliche Skandale entlarvt werden, als z.B. in der Nachkriegszeit[48]. Dies kann den Eindruck erwecken, es gibt quasi nur Skandale und Missstände in der Politik, was Politikverdrossenheit fördert.

Einige Personen sind auch mit dem Individualisierungsprozess der nachdem Wandel der Industriegesellschaft einsetzte überfordert[49]. Sie profitieren nicht davon und befinden sich oftmals in einer Existenzkrise[50]. Die Krisenverarbeitung führt oft zu einer Sündenbocktheorie, in der die eigene Lage als unberechtigte Benachteiligung empfunden wird, an der das politische System Schuld ist[51]. Als Folge solcher Theorien suchen diese Individuen halt, vor allem in Lösung der eigenen Sorgen mit möglichst einfachen Mitteln[52]. Sie verstehen die komplexen Zusammenhänge einer globalisierten Welt nicht mehr. Deshalb profitieren maßgeblich Parteien am rechten und linken Spektrum von solchen Individuen, da diese Parteien einfache Lösungen versprechen.

Im weiteren Verlauf ist nun zu schauen, wie das Demokratie-Lernen Konzept von Gerhard Himmelmann gegen die Ursachen und Folgen der Politikverdrossenheit helfen kann.

## 4. Himmelmanns Konzept des Demokratie Lernens und welche praktischen Ansätzen sich gegen Politikverdrossenheit ergeben

Die Grundlage von Himmelmanns Konzept ist die Diagnose, dass die Demokratie sich in einer Krise befindet[53]. Darum musste ein Konzept her welches die Krise überwinden kann. Er stellt fest, dass es ein Einüben der Demokratie in

---

[45] Vgl. Wolling, Jens, S.41.
[46] Vgl. Maier, Jürgen, S.73.
[47] Vgl. Maier, Jürgen, S.73.
[48] Vgl. Maier, Jürgen, S.73.
[49] Vgl. Maier, Jürgen, S.67.
[50] Vgl. Maier, Jürgen, S.67.
[51] Vgl. Maier, Jürgen, S.67.
[52] Vgl. Maier, Jürgen, S.67.
[53] Vgl. Himmelmann, Gerhard: Demokratielernen als Lebens-, Gesellschafts- und Herrschaftsform, Ein Lehr und Arbeitsbuch, 3 Auflage, Schwalbach im Taunus 2007, S.33. Im Folgenden abgekürzt als Himmelmann, Gerhard.

jeder Generation braucht[54].Daher hat er ein pragmatisches Konzept für die Schule und die politische Bildung entwickelt zum Demokratie lernen, dass umschrieben und definiert werden kann, als 1) Demokratie als Lebensform, 2) Demokratie als Gesellschaftsform und 3) Demokratie als Herrschaftsform[55]. Es ist angelegt in diesen drei Stufen, bei Gerhard Himmelmann lernt man also stufenweise Demokratie. Diese Stufen sind nach Schulstufen angelegt.

Die erste Stufe, Demokratie als Lebensform soll in der Grundschule schwerpunktmäßig gelehrt werden[56]. Zentral dabei sind die Kompetenzen die vermittelt werden sollen, die das „Selbst"–Lernen und die Ich Kompetenz dabei im Vordergrund haben[57]. Ich Kompetenzen sind zum Beispiel, Identitätsfindung, Selbstentwicklung, Selbstwerterfahrung, Selbstverantwortung, Fähigkeit zur Selbstregulierung und zur Selbstkontrolle, Mündigkeit und Welterkenntnis[58]. Diese Kompetenzen sind ein Schlüsselbaustein gegen Politikverdrossenheit. Diejenigen Personen die z.B. im Individualisierungsprozess nachdem Wandel der Industriegesellschaft überfordert wurden haben oftmals eine geringe Selbstwerterfahrung und Welterkenntnis. Sie verstehen nicht wie die Welt funktioniert, sie finden daher den Anschluss nicht. Im Grunde kann die Stärkung der eigenen Identität nicht früh genug gefördert werden, weil nur eine starke Persönlichkeit ist den Anforderungen der Gesellschaft im 21. Jahrhundert in einem demokratischen System gewachsen. Solche Persönlichkeiten sind nicht so anfällig für Politikverdrossenheit, weshalb dies ein guter praktischer Ansatz gegen Politikverdrossenheit ist.

Auf der zweiten Ebene, der Sekundarstufe I, soll die Demokratie als Gesellschaftsform schwerpunktmäßig gelernt und gelehrt werden[59]. Ein besonderes Gewicht liegt dabei vor allem auf den sozialen Kompetenzen, wie z.B. soziales Lernen, soziale Kooperation, Umgang mit anderen Menschen, Rechte und Pflichten[60]. Diese sozialen Kompetenzen sind auch ein wichtiger Bestandteil im Kampf gegen Politikverdrossenheit. Sie sind ein Ansatz gegen das Entstehen von totalen Egoisten. Nur wer im Umgang mit anderen Menschen gut geschult

---

[54] Vgl. Himmelmann, Gerhard, S.36.
[55] Vgl. Himmelmann, Gerhard, S.37.
[56] Vgl. Himmelmann, Gerhard, S.267.
[57] Vgl. Himmelmann, Gerhard, S.268.
[58] Vgl. Himmelmann, Gerhard, S.268.
[59] Vgl. Himmelmann, Gerhard, S.267.
[60] Vgl. Himmelmann, Gerhard, S.268.

ist, ist in der Lage in einer pluralistischen, demokratischen Gesellschaft zu überleben. Daher ist die ein guter Ansatz gegen Politikverdrossenheit.

Auf der dritten Ebene, der Sekundarstufe II, soll Demokratie als Herrschaftsform schwerpunktmäßig gelernt und gelehrt werden[61]. Sie beinhaltet politisch-demokratische Kompetenzen, wie z.B. das Verständnis der Geschichte und Gestalt von Demokratie als Herrschaftssystem unter höchst komplexen Bedingungen, Beteiligungsmöglichkeiten, Mitgestaltung und Wahrnehmung von Verantwortung, sowie die Mechanismen von Macht und Machtkontrolle[62].

Erstaunlich ist, dass diese Dinge nur in der Sekundarstufe II, also der Oberstufe, intensiv unterrichtet und besprochen werden sollen. Es ist eigentlich von großer Bedeutung, dass alle Mitglieder der Gesellschaft sich mit diesen Themen auseinander setzen. Allerdings kommen nicht alle Schüler in die Oberstufe, ca. 40% der Schüler machen an deutschen Schulen Abitur[63]. Dies hätte zur Folge, dass ca. 60% der Schülerschaft sich nicht intensiv damit auseinandersetzten.

Da die Bereitschaft gesunken ist, sich demokratischen Autoritäten zu beugen, ist es besonders wichtig, die Demokratie als legitime Herrschaftsform zu verstehen. Nur wenn man versteht wie Macht und Machtkontrolle dort funktionieren kann verstehen warum z.B. die Regierung nicht alle Probleme lösen kann, die derzeit in der Gesellschaft vorhanden sind. Es ist wichtig, dass Politik so dargestellt und gelernt wird, wie sie in der Demokratie hier in Deutschland wirklich ist. Demokratie-Lernen kann eigentlich nur funktionieren wenn es eng mit dem Politik-Lernen verkoppelt ist. Demokratie-Lernen muss mit dem Politik-Lernen identisch werden, dies ist auch Gerhard Himmelmann klar[64]. Erstaunlich ist daher, dass es in der Sekundarstufe II erst als Schwerpunkt auftaucht. Zwar sind die Inhalte sehr komplex, aber dies kann kein Grund sein, diese erst in der Oberstufe als Thema zu behandeln. Will man ernsthaft gegen Politikverdrossenheit vorgehen, müssen auch Schüler die nicht

---

[61] Vgl. Himmelmann, Gerhard, S.268.
[62] Vgl. Himmelmann, Gerhard, S.268.
[63] Vgl.
http://www.destatis.de/jetspeed/portal/cms/Sites/destatis/Internet/DE/Presse/pm/2004/03/PD04__14 0__21.psml
[64] Vgl.
http://www.bpb.de/veranstaltungen/YB62AC,0,0,Demokratie_lernen_und_Politik_lernen_%96_ein_Geg ensatz.html

die Sekundarstufe II besuchen genauso die Demokratie als Herrschaftsform durchschaut und verstanden haben. Auch ihnen müssen die Möglichkeiten der Beteiligungsformen in unserer Demokratie gezeigt werden. Denn oft sind es tatsächlich Menschen mit geringem Bildungsstand die Probleme mit dem demokratischen System haben und sich von ihm abwenden.

Allerdings können alle diese guten Fähigkeiten und Kompetenzen nicht nur im Politikunterricht gelehrt und vermittelt werden. Eine gute Schule sollte schulische Konflikte mit demokratischen Verfahren lösen[65]. Sie muss quasi schon ein Ort der Demokratie sein. Die Schulen haben die Möglichkeit über Schülervertretungen, Klassenräte und Klassensprecher den Schülern Chancen zum Einüben der Demokratie zu geben. Diese müssen genutzt werden, da daraus praktische Ansätze entstehen können mit denen man Politikverdrossenheit entgegenwirken kann. So kann man nämlich in Ansätzen lernen, wie kompliziert Politik in einer Demokratie sein kann.


## 5. Die Rolle der Lehrkraft bei Himmelmann

Die Lehrkraft ist die wichtigste Person im Klassenzimmer. Die Lehrkräfte sind es nämlich die entscheiden, welche Inhalte und Themen in der jeweiligen Ebene des Demokratie-Lernens mit der Klasse behandelt werden[66]. Zudem haben die Lehrkräfte auch eine besondere Vorbildfunktion[67]. Die Schüler lernen nicht nur von der Lehrkraft, sondern vor allem an der Lehrkraft[68]. Sollte sich eine Lehrkraft negativ oder zynisch über politische Vorgänge oder das parlamentarische System der Bundesrepublik äußern ist dies extrem kontraproduktiv[69]. Es wäre die Fortführung einer Kritiktradition die sich gegen Parlamente und Parteien richtet. Gerade so etwas wie z.B. das ein Lehrer den Begriff „Quasselbude" für den Deutschen Bundestag benutzt oder damit in einen Zusammenhang bringt, muss vermieden werden. Die Einstellung zur Demokratie und Politik in Deutschland muss von einem Lehrer positiv vorgelebt werden. Nur ein überzeugter Demokrat kann Demokratie und Politik

---

[65] Vgl. Himmelmann, Gerhard 2, S.85.
[66] Vgl. Himmelmann, Gerhard, S.268f.
[67] Vgl. Himmelmann, Gerhard 2, S.81.
[68] Vgl. Himmelmann, Gerhard 2, S.81.
[69] Vgl. Himmelmann, Gerhard 2, S.81.

überzeugend vermitteln. Das ist wichtig, da die Lehrkraft auch die einzige wirkliche Sozialisationsinstanz ist, die von staatlicher Seite aus positiv auf die Schüler einwirken kann. Wenn Elternteile sich negativ zu Politik und Demokratie äußern, kann der Staat das nicht verhindern.

Die Lehrkräfte dürfen nie den Eigenwert eines Schülers oder einer Schülerin missachten oder die Schüler instrumentalisieren[70]. Dies senkt das Vertrauen der Schüler in die Lehrkräfte und belastet unnötig die Lehrer Schüler Beziehung[71]. Dies erschwert das Unterrichten, weil alle Schüler haben die unersättliche Sehnsucht nach gegenseitiger Achtung, Respekt, Gerechtigkeit und Fairness[72]. Diese Werte sind auch die Basis der Demokratie und sollten auch in der Politik umgesetzt werden. Darum muss dies auch in den Klassenzimmern gelingen.

## 6. Fazit

Zusammenfassend betrachtet lassen sich in dem Demokratie-Lern Konzept von Gerhard Himmelmann gute Ansätze gegen Politikverdrossenheit erkennen. Identitätsfindung, Selbstentwicklung, Selbstwerterfahrung, Selbstverantwortung, Fähigkeit zur Selbstregulierung und zur Selbstkontrolle, Mündigkeit und Welterkenntnis sind gute bzw. notwendige Grundlagen für ein späteres Leben. Diese bereits in der Primarstufe gelehrt zu bekommen ist sicherlich eine gute Idee von Gerhard Himmelmann. Dasselbe gilt auch für die sozialen Kompetenzen, wie z.B. soziales Lernen, soziale Kooperation, Umgang mit anderen Menschen, Rechte und Pflichten die in der Sekundarstufe I erlernt werden sollen. Problematisch ist eher, dass das Wort Politik dort nicht auftaucht. Es hat den Anschein als seien Politik und Demokratie zwei unterschiedliche Sphären. Dies wird wenn überhaupt in der dritten Stufe, in der Sekundarstufe II, wo Demokratie als Herrschaftsform gelehrt und gelernt werden soll, aufgehoben. Dies ist für einen Großteil der Schülerschaft zu spät, da sie nicht die Oberstufe besuchen.

Dieser Ebenen-Schematismus Himmelmanns wirkt wirklichkeitsfremd. In Demokratie als Herrschaftsform unterrichtet zu werden ist genauso wichtig für

---

[70] Vgl. Himmelmann, Gerhard 2, S.81.
[71] Vgl. Himmelmann, Gerhard 2, S.81.
[72] Vgl. Himmelmann, Gerhard, 271.

alle Schüler wie der Unterricht in den anderen Schwerpunktthemen. Sinnvoll wäre wahrscheinlich vom Lernen auf Ebenen, in dem man hintereinander lernt, mehr zu einem gleichzeitigen Lernen zu kommen. So kann emotionales Lernen auch nach der Grundschule stattfinden. Auch Grundschüler können Politik als Macht erfahren (z.B. bei einer Klassensprecherwahl). Die Inhalte der Demokratie müssen nur komplexer und schwieriger werdend gelernt und geübt werde. Praktisch sehe dies dann so aus, dass zum Beispiel Themen wie Ausländerfeindlichkeit oder Macht in jeder Altersstufe mit unterschiedlich abstrakten Begrifflichkeiten und Sichtweisen behandelt werden. Nur so kann garantiert werden, dass alle Schüler genügend Kompetenzen aus allen Demokratie Ebenen erwerben.

Zudem muss eine Schule sich generell öffnen fürs Demokratie-Lernen, da man das Unterrichten in Demokratie sich nicht so vorstellen kann wie klassischen Schulunterricht. Himmelmanns Konzept funktioniert nur, wenn eine ganze Schule dahinter steht, da quasi alle Lehrkräfte an einem Strang ziehen müssen. Wird es dann richtig umgesetzt besteht die Möglichkeit, dass Schüler die die Schulen verlassen, weniger anfällig für Politikverdrossenheit sind.

Allerdings kann das Konzept von Gerhard Himmelmann nicht alle Ursachen von Politikverdrossenheit bekämpfen. Es ist ein reines Schulkonzept, dass in der Mikroebene ansetzt. Doch viele der Ursachen für Politikverdrossenheit liegen weit außerhalb der Schulwelt, in der Makroebene. Zum einen wäre da die schlechte Performance der Politik. Korruptions-, Lügen- und Plagiatsaffären kann man in der Schule zwar thematisieren, letztendlich aber nicht erklären. Was den Kindern in der Schule an Werten vermittelt werden soll, wird in solchen Affären meist mit Füßen getreten. Politiker verhalten sich in solchen Fällen meist genauso wie man sich nicht verhalten sollte. Dies kann kein Schulkonzept erklären oder kitten. Auch die Kritikpunkte an Parteien, die die Politikverdrossenheit fördern kann ein Schulkonzept nicht auflösen bzw. schlüssig erklären. Will man den Schülern klarmachen, dass die Parteien zur politischen Willensbildung wichtig sind, aber z.B. Seilschaften innerhalb einer Partei maßgeblich den Ton oder die Richtung der Partei bestimmen, müsste dies bei Schülern zu recht auf Unverständnis stoßen. Dadurch entstehende Politikverdrossenheit kann nur von der Politik bzw. den Parteien selbst bekämpft werden.

Das Medien auch verstärkt über Probleme, Krisen und Skandale in der Demokratie berichten macht es den Schulen auch nicht einfacher, das positive an unserem politischen System darzustellen und zu vermitteln. Damit Schüler mit Medienberichten umgehen lernen ist neben dem Demokratie-Lernen auch Medien-Lernen erforderlich.

Wenn im Mikrobereich der Schule an einem positiven Demokratie- und Politikbild gearbeitet wird, kann dies nur erfolgreich sein, wenn auch im Makrobereich der Politik und Medien mitgearbeitet wird. Nur so kann auch Himmelmannskonzept vollends wirken.

# 7.  Literaturverzeichnis

Arzheimer, Kai: Politikverdrossenheit: Bedeutung, Verwendung und empirische Relevanz eines politikwissenschaftlichen Begriffs, Wiesbaden 2002.

Arzheimer, Kai: Politikverdrossenheit – eine Frage der Persönlichkeit? Der Zusammenhang zwischen Persönlichkeitsfaktoren und Verdrossenheitseinstellungen. In: Siegfried Schumann, Harald Schoen (Hrsg.): Persönlichkeit. Eine vergessene Größe der empirischen Sozialforschung. VS, Wiesbaden 2005, S. 193 – 207.

Himmelmann, Gerhard: Demokratielernen als Lebens-, Gesellschafts- und Herrschaftsform, Ein Lehr und Arbeitsbuch, 3 Auflage, Schwalbach im Taunus 2007.

Himmelmann, Gerhard: Demokratie-Lernen als Lebens-, Gesellschafts- und Herrschaftsform, in: Breit, Gotthard / Schiele Siegfried: Demokratie-Lernen als Aufgabe der politischen Bildung, Bonn 2002, S.21 - 39.

Himmelmann, Gerhard: Demokratie-Lernen – Eine Aufgabe Moderner Bildung, in: Oberreuter, Heinrich: Standortbestimmung Politischer Bildung, Schwalbach im Taunus 2009, S.73 - 91.

Himmelmann, Gerhard: Was ist Demokratiekompetenz? Ein Vergleich von Kompetenzmodellen unter Berücksichtigung internationaler Ansätze, in: Fauser, Peter/ Edelstein Wolfgang: Beiträge zur Demokratiepädagogik, Eine Schriftenreihe des BLK-Programms „Demokratie lernen & leben", Berlin 2005.

Maier, Jürgen: Politikverdrossenheit in der Bundesrepublik Deutschland: Dimensionen, Determinanten, Konsequenzen, Opladen 2002.

Maurer, Marcus: Politikverdrossenheit durch Medienberichte, eine Paneluntersuchung, Konstanz 2003.

Thierse, Wolfgang: Politik- und Parteienverdrossenheit: Modeworte behindern die berechtigte Kritik – Zur Notwendigkeit gesellschaftspolitischer Reformen. In: Aus Politik und Zeitgeschichte 31 (1993), S.19 - 25.

Wolling, Jens: Politikverdrossenheit durch Massenmedien? Der Einfluß der Medien auf die Einstellungen der Bürger zur Politik, Opladen 1999.

Zeschmann, Philip: Wege aus der Politiker- und Parteienverdrossenheit: Demokratie für eine Zivilgesellschaft, Sinsheim 2000.

# 8. Quellenverzeichnis

http://www.bpb.de/veranstaltungen/YB62AC,0,0,Demokratie_lernen_und_Politik_lernen_%96_ein_Gegensatz.html

http://www.destatis.de/jetspeed/portal/cms/Sites/destatis/Internet/DE/Presse/pm/2004/03/PD04__140__21.psml

http://www.gfds.de/aktionen/wort-des-jahres/